Ja-maar®

# OM DENKEN op het werk

**Berthold Gunster**





*Omslagontwerp* Jan Gunster
*Vormgeving en illustraties* Jan Gunster en Adept vormgeving
*Tekeningen* Evalien Lang
*Uitgever en redactie* Annemargreet Dwarshuis

Eerste druk, oktober 2021

ISBN 9789083168906
NUR 770

# Werken om te leven

**Werk. Wat verwachten we er allemaal wel niet van? Dat het ons financiële zekerheid biedt, om te beginnen. Dat we de kachel ervan kunnen laten branden. Dat we de huur of de hypotheek kunnen opbrengen. Maar daar blijft het niet bij. Werk heeft de afgelopen decennia een steeds centralere plek in ons leven ingenomen. We verwachten leuke collega's te hebben, onszelf te kunnen ontwikkelen, carrière te maken, status en een identiteit te verwerven en als kers op de taart verwachten we ook nog eens via werk de wereld een beetje mooier te kunnen maken.**

Dat zijn onze verwachtingen rond werk. Er is ook een *realiteit* rond werk. Een realiteit die nogal eens in schril contrast staat met die verwachtingen. Op het gebied van werk is veel veranderd. Niet altijd ten goede. Dienstverbanden zijn steeds losser geworden. Er is een groeiend leger schijnzelfstandigen ontstaan. Juridisch zijn ze zzp'er. In de praktijk zijn het goedkope arbeidskrachten voor wie geldt 'voor jou tien anderen'. Ondertussen zijn we nogal eens bereid ons als kleuters te laten behandelen (of gedragen we ons als kleuters), worden we geconfronteerd met meer en meer zinloze bureaucratie en vragen we ons af wat de 'why' van onze organisatie is. Hoe ethisch, belangrijk of zinvol is werk voor ons eigenlijk?

Met z'n allen spelen we het spel mee dat werk ons gelukkig en tevreden zou moeten maken, maar meer en meer mensen raken gedesillusioneerd. Begrijpelijk. Want wat heeft onze maatschappij een alleenstaande van 27 te bieden die als maaltijdbezorger, verpleegkundige, leraar of winkelbediende netjes zijn best doet, maar niet in staat is een huis te huren, laat staan te kopen? En ook de mensen die zich financieel relatief zeker voelen in hun baan voelen de voortdurende druk van een onzekere toekomst. Hoe moet je de eindjes aan elkaar knopen als je partner met een goed inkomen je plotseling verlaat, je vader aan de andere kant van het land intensieve mantelzorg nodig heeft, je kinderen alle tijd en aandacht van je vergen en jijzelf ondertussen in een burn-out dreigt te belanden?

Ook leiders van organisaties maken zich grote zorgen over de vraag hoe wij werk met elkaar georganiseerd hebben. Maar liefst 92 procent is van mening dat de traditionele structuren niet meer voldoen. Mogelijk nog zorgwekkender is het feit dat 86 procent geen idee heeft wat er precies moet veranderen.[1]

Ondertussen is tijdens de coronapandemie het speelveld behoorlijk opgeschud. Thuiswerken bleek voor veel beroepen opvallend makkelijk te organiseren. We werden ons ervan bewust hoe afhankelijk we zijn van essentiële beroepen; niet toevallig zijn dat naast supermarkten vooral werkzaamheden die de overheid regelt, zoals de vuilnisdienst, politie, zorg en onderwijs. En wonder boven wonder bleef de wereld grotendeels doordraaien. Ondanks lockdowns, mondkapjes en anderhalvemetermaatregelen.

Dit alles roept de vraag op: is de verwachting dat werk voor van alles en nog wat een oplossing is, niet een illusie? Zouden we niet fundamenteel anders over werk moeten gaan denken? Of, om het simpeler te zeggen, hoe zou het zijn als we niet leven om te werken, maar werken om te leven?

**Naar kantoor.**
Wat je meestal aandoet.

# Wat je stiekem misschien ook wel eens een keer aan zou willen doen*.

* Deze afbeelding is uiteraard gender neutraal. Wat je aan wil trekken bepaal je zelf. Wil je je als brandweerman (m/v) kleden als Catwoman (m/v)? Prima. Doe dan wel ff brandwerende onderkleding aan. Maar dat spreekt uiteraard voor zich.

# Oplossingsreflex

**De manager van de afdeling Facilitair van een provincie constateert een hardnekkig probleem: de verschillende onderafdelingen werken niet goed samen. Er is sprake van een eilandjescultuur. Zo heeft ICT geen goed contact met de schoonmakers en communiceren de kantinemedewerkers niet of nauwelijks met de mensen van Pand & Terreinen. De manager brengt het probleem onder de aandacht bij de directie. Die besluit een consultant aan te trekken om het probleem aan te pakken.**

Wat is onze eerste reactie als we met een probleem geconfronteerd worden? We willen het oplossen. Het probleem moet worden weggewerkt. Het liefst zo snel mogelijk. Je zou kunnen zeggen dat het de *default*, de fabrieksinstelling van ons brein is om problemen op te lossen. Zo willen we ook een probleem als de eilandjescultuur het liefst zo snel mogelijk oplossen. Deze neiging noem ik onze *oplossingsreflex*.

Op zich is dat begrijpelijk. Problemen voelen als bedreigingen. En wat is onze eerste instinctieve reactie als we ons bedreigd voelen? Wegwezen! Beer? Rennen! Harde knal? Bukken! Ooit waren deze instinctieve en impulsieve reacties nuttig. De wereld was vol gevaar, er waren leeuwen en dus was snel reageren van levensbelang. De wereld van nu is echter is een stuk complexer. En bij complexere problemen werkt de oplossingsreflex vaak niet.

Door ergens woorden aan te geven, zoals 'eilandjescultuur', kunnen we iets als een probleem *framen*. Een verschijnsel heeft een naam, een stempel, en al gauw denken we niet alleen dat er een probleem is, maar ook dat we iets aan dat probleem moeten doen. De kans is groot dat onze oplossingen hun doel volledig voorbijschieten. Waarom? Omdat er soms helemaal geen probleem is. Als een collega roept dat hij constant gebeld wordt door ontevreden klanten, dan klinkt dat als een serieus probleem. Welk bedrijf wil er nou 'constant' door ontevreden klanten gebeld worden? Maar na een simpele vraag: 'hoe vaak ben je de afgelopen week dan gebeld?' kan zomaar blijken dat het maar twee keer was. Hoe groot is het probleem dan helemaal? En om nog even in dit voorbeeld te blijven: stel het aantal telefonische klachten van klanten is het afgelopen jaar *verdubbeld.* Daar schrik je toch van als het om jouw bedrijf zou gaan? Dat is toch slecht nieuws? Maar wat als het totaal aantal klanten het afgelopen jaar verviervoudigd is? Dan is het percentage klachten dus gehalveerd. Hoezo slecht nieuws? Goed nieuws!

In nogal wat gevallen is er dus alleen een probleem op het niveau van taal. In woorden, in ons denken, is er een probleem. Maar dat hoeft nog niet te betekenen dat er in de realiteit ook een probleem is. Niets is zo zinloos als het oplossen van een probleem dat er niet is. Of, zoals de Engelsen zeggen: *'If it ain't broken, don't fix it'.*

Terug naar de consultant en het vraagstuk van de 'eilandjescultuur'. Waar kwam ze al snel achter? De onderafdelingen functioneerden prima. In de praktijk was het überhaupt niet nodig om samen te werken. Begrijpelijk. Want wat moet een ICT'er nou overleggen met iemand van de afdeling schoonmaak? Het enige probleem was dat de manager het woord 'eilandjescultuur' in de mond had genomen. Kortom, er wás helemaal geen probleem. De consultant schreef een kort rapportje. 'Ik raad u aan uw vocabulaire te *reframen* zodat de afdelingen, die uitstekend functioneren, zich gerehabiliteerd voelen.'

Wees dus vanaf nu op je hoede. Als iemand zegt: 'Er wordt slecht gecommuniceerd', 'de werkdruk is te hoog', 'de neuzen staan niet dezelfde kant op' of 'de energie is eruit', tel dan eerst tot tien. Misschien speelt er wel een ander probleem. Of is er helemaal geen probleem. Of, nog mooier, misschien is het probleem wel *de bedoeling.*

**1892**

Nu alleen nog even de
Pleisterplak registratie administratie

# Vastdenken

**Een makelaar en een potentiële koper lopen door een etagewoning in Amersfoort. De koper wil het huis graag hebben. Om te voorkomen dat de makelaar denkt dat hij de hoofdprijs kan vragen toont de koper zo min mogelijk interesse. Wat de koper wél doet is een aantal dingen bekritiseren. Het uitzicht valt wat tegen. Er is vrij veel verkeer in de straat. De makelaar laat de koper rustig doorzeuren. Zij weet één ding namelijk heel zeker: hoe meer de koper zijn best doet het huis af te kraken, hoe kooplustiger hij is en hoe meer hij bereid is te betalen.**

Zoals gezegd, de wereld van vroeger was overzichtelijk. De wereld van tegenwoordig is oneindig veel complexer. Wat is het gevolg? Dat onze 'oplossing' het probleem nogal eens groter maakt. 'Vastdenken' noem ik dat. Van een probleem een ramp maken. Alsof je een vlekje in je kleding hebt. Je wrijft erin, het vlekje wordt daardoor alleen maar groter.

Vastdenken gebeurt per definitie met goede intenties. Daar ligt het niet aan. We willen helpen, iets betekenen, iets bereiken, een probleem oplossen. Maar helaas zijn positieve intenties geen garantie voor een positief effect. Als je iets te veel werk hebt, kun je overwerken, wat extra werk mee naar huis nemen of een vrije dag opnemen om je werk af te krijgen. Maar als je niet met je collega's bespreekt dat je structureel overbelast bent, en zij dankzij jouw 'oplossing' denken je dat je makkelijk meer aan kunt, en je ook de extra arbeid weer oplost met harder werken, dan beland je van de regen in de drup. Je kortetermijnoplossing werkt prima, maar op de lange termijn wordt je probleem alleen maar groter.

Dit vastdenken zie je, als je het eenmaal herkent, voortdurend gebeuren. Op individueel niveau en op organisatorisch niveau. Een verpleeghuis heeft een chronisch tekort aan personeel. Het werk wordt slecht betaald, personeel raakt opgebrand en meldt zich regelmatig ziek. Het verpleeghuis dicht het gat met de inhuur van relatief dure zzp'ers. Deze zzp'ers hebben echter de relatieve 'luxe' om op elke werkaanvraag 'nee' te zeggen en hoeven geen vervelende administratieve taken te verrichten. Het gevolg? Vaste medewerkers besluiten eveneens zzp'er te worden en dus moet de instelling nóg meer dure zzp'ers inhuren. Een negatieve spiraal.

Over de vraag waaróm onze oplossingen nogal eens een averechts effect hebben, zou ik een heel boekwerk kunnen schrijven. Zo kan het zijn dat er helemaal niets aan de hand is, zoals bij het 'probleem' eilandjescultuur. Of we bijten ons vast in een futiel probleem zoals de vraag waarom een collega zijn koffiekopjes nooit afwast. Regels bedenken voor vraagstukken die bijna nooit voorkomen is een ander voorbeeld van vastdenken. Ook werkt het averechts om een collega die onzeker is consequent tot op detailniveau met zijn werk te helpen. Het leidt tot aangeleerde hulpeloosheid. Ook werkt het niet echt om mensen te 'belonen' door ze een onpersoonlijk kerstpakket te geven van de groothandel. De kans is groot dat ze het ervaren als een belediging.

Hoe kun je dit vastdenken voorkomen? Ten eerste. Bevind je je in een situatie waarin je steeds meer je best gaat doen, maar is er niet of nauwelijks resultaat? Je gaat bijvoorbeeld als baas steeds meer controleren, maar je mensen houden zich niet aan de afspraken. Of je doet voor klanten steeds meer je best, maar het effect is dat zij steeds meer gaan verwachten en dus voortdurend ontevreden blijven. *Stop er dan mee!* Staak je pogingen het probleem op te lossen. Ik realiseer me dat dit makkelijker gezegd dan gedaan is.

Zolang we dingen 'doen' hebben we het idee dat we controle over het probleem hebben. Die illusie van controle kwijtraken vinden we lastig.

Een tweede handvat heeft te maken met onze primaire manier van reageren. Leer te herkennen dat je de neiging hebt om reflexmatig op een probleem te reageren. Wat is je eerst reactie als je in de auto zit en een andere automobilist steekt zijn middelvinger op? Terugschreeuwen. Wat is je neiging als je baas tegen je schreeuwt? Wegwezen. Hoe reageer je als twee mensen plotseling heftig ruzie maken? Je verstijft. *Fight. Flight. Freeze.* Om vastdenken te voorkomen – en om te leren omdenken, maar daarover later meer – is een vierde reactie een absolute vereiste. Reageer niet meteen. Blijf kalm. Observeer wat er precies aan de hand is. Oftewel: *Find out.*

Onze eerste reactie op problemen is dus: oplossen. We zien problemen als een bedreiging. En dus per definitie niet als een kans. We spreken niet voor niets over 'kansen en bedreigingen'. Alsof het twee verschillende, elkaar uitsluitende grootheden zouden zijn. En da's jammer. Want soms is iets zowel een bedreiging als een kans. Of sterker nog, soms ís de bedreiging de kans.

Het heeft geen zin om domme dingen slimmer te doen.

# Probleem? Bedoeling!

**Hoe zouden we op een andere manier met problemen om kunnen gaan? Zouden we van een probleem een nieuwe mogelijkheid kunnen maken? Hoe zouden we een probleem kunnen omdenken? Het mooie is: soms hoef je daar helemaal niets voor te doen. Soms is het probleem een '*blessing in disguise*'. Elke poging het probleem op te lossen is in dat geval een gemiste kans.**

Bij een telecombedrijf moeten vijftien medewerkers van een verkoopafdeling vanwege corona van de ene op de andere dag verplicht thuis werken. Dat vergt qua planning en organisatie de nodige aanpassingen. Uitgerekend in het begin van deze hectische fase vertrekt de manager. Personeelszaken gaat ijverig op zoek naar een vervanger, maar kan niemand vinden. Een acuut probleem. Men kan het team in deze onzekere situatie toch niet laten zwemmen?

Zoals we eerder zagen is ons brein prima toegerust om bedreigingen te identificeren en snel te handelen. Soms is dat een gemiste kans. Soms lossen problemen zich namelijk zonder onze bemoeienis prima vanzelf op. Maar het kan nog mooier. Een probleem kan, zonder dat we er ook maar iets voor hoeven te doen, als vanzelf overgaan in een nieuwe mogelijkheid. Zoals bij het telecombedrijf. Hoe Personeelszaken ook zijn best doet, het lukt niet om een goede vervanger voor de manager te vinden. Is dit een probleem? Niet echt. Ondertussen draait de afdeling zonder manager prima door. Sterker nog: de afdeling doet het beter dan ooit tevoren. De verkopers zijn namelijk prima in staat zonder manager hun eigen werk te doen. Ze weten elkaar moeiteloos te vinden als ze elkaar nodig hebben. Eigenlijk liep de manager het team vooral voor de voeten met overbodige controles, onnodige overlegmomenten en onrealistische verbetertips. Dit blijft niet onopgemerkt bij de directie. Men besluit niet alleen om deze afdeling zonder manager, dus als zelfsturend team, te laten voortbestaan, maar ook om bij vergelijkbare afdelingen de managers af te laten vloeien. In feite blijkt een hele managementlaag overbodig. Deze nieuwe mogelijkheid zou nooit zijn ontstaan als HR snel-snel het vacatureprobleem had 'opgelost'.

Welke conclusie kun je uit dit voorbeeld trekken? Dat iets wat in het hier en nu een probleem lijkt te zijn, als vanzelf wel eens in een nieuwe mogelijkheid zou kunnen overgaan. Het enige wat we hoeven te doen is … wachten. Niets doen. Of, zoals een uitspraak in het taoïsme luidt: Wu Wei. Dat is te vertalen als 'doen door niet doen'. Nogal wat problemen in dit leven lossen zich prima op als we helemaal niets doen. Zo leren artsen dat het beste gereedschap hun zakken zijn. Zo'n 70 procent van de ziektes geneest spontaan. Ingrijpen zou in die gevallen het genezingsproces alleen maar vertragen. Een wond geneest ook niet sneller door het korstje eraf te krabben.

Voor ons brein met zijn oplossingsreflex is dit doen-door-niet-doen een lastige uitdaging. Ons brein wil niets liever dan problemen oplossen. Een hulpmiddel om bij problemen kalm en rustig te blijven is de vraag: Zou het probleem niet de bedoeling kunnen zijn? In mijn boek *Zoals verwacht loopt alles anders* noem ik dit de 'wondervraag' van het omdenken.
Een paradoxale opdracht voor het brein, want hoe kan een probleem nou 'de bedoeling' zijn? Een probleem is per definitie

toch juist *niet* de bedoeling? Door je brein tóch die paradoxale opdracht te geven, dwing je jezelf om contra-instinctief en dus creatief met een probleem om te gaan. Wie weet wijst het probleem je de weg naar een nieuwe mogelijkheid.

Het leuke is, deze wondervraag kun je altijd en overal toepassen. Word je afgewezen voor een baan? Misschien past de baan waarop je daarná solliciteert wel veel beter bij je ambities. Is een collega ziek en moet je diens taken overnemen? Misschien kom je erachter dat je dat werk eigenlijk heel leuk vindt. Ligt je computer eruit? Misschien is dit het uitgelezen moment om een aantal belangrijke telefoontjes met klanten te voeren.

**1931**

**Mijn manager heb ik maar twee keer gezien. Eén keer om zichzelf te introduceren en één keer als Sinterklaas om chocoladeletters uit te delen. Hij moest wel alle besluiten nemen.**

Elco Schaufeli

# Omdenken

**Ga dus niet als een kip zonder kop problemen oplossen. Kijk eerst of er wel een probleem is, wat het probleem precies is en of het probleem niet als vanzelf een mogelijkheid kan worden. Of het probleem misschien de *bedoeling* is. Dit inzicht kunnen we op een Wu Wei-manier gebruiken, we kunnen dit inzicht ook *actief* inzetten.**

Peter Homan is eigenaar van Electrotechnisch Bureau Homan in Mijdrecht. Zijn onderneming verzorgt feestverlichting en stroomvoorzieningen voor grote evenementen als Sail Amsterdam, het EK voetbal en het Eurovisiesongfestival. Door corona valt zijn bedrijf voor 100 procent stil. Hij heeft 25 mensen in dienst. Ontslag dreigt voor iedereen. Als Peter dit probleem zou willen oplossen, dan zou hij naar het UWV kunnen stappen, werktijdverkorting kunnen aanvragen of een aantal mensen tijdelijk ontslaan, in de hoop ze later weer aan te kunnen nemen. Maar dat is niet wat Peter deed. Hij probeerde zijn probleem niet op te lossen, hij wist het om te denken.

Wat doe je als je gaat omdenken? Cruciaal bij omdenken is dat je die feiten accepteert die je niet veranderen kunt. In het geval van Peter Homan is dat helder: hij kan in zijn eentje de pandemie niet veranderen, de evenementenbranche ligt op zijn gat en dus ligt zijn bedrijf volledig stil. Dat is de eerste stap van het omdenken.

Maar Peter keek niet alleen naar wat er niet was en wat er niet kon, hij keek ook naar wat er wél was en wat er nog wél kon. Precies dat is de tweede stap van het omdenken. Wat had Peter

**De gloeilamp is niet ontstaan door het continu verbeteren van de kaars.**

nog wel? Een bedrijf met goed opgeleid personeel, vakmensen met verstand van elektronica en – een niet onbelangrijk detail – zonder hoogtevrees. Om feestverlichting aan te leggen moet je immers op grote hoogte durven te werken.

Wat deed Peter? Op basis van alles wat hij nog wél in huis had, maakte hij de overstap naar het installeren van zonnepanelen. Moest hij alsnog mensen ontslaan? Nee. Integendeel. Binnen afzienbare tijd moest hij negen mensen extra in dienst nemen. Niet ondanks, maar dankzij de coronacrisis had Peter zijn bedrijf doen groeien en zodoende zijn probleem *omgedacht*.

Omdenken lijkt simpel, maar het vraagt een compleet andere manier van denken en kijken naar de werkelijkheid. Het is de kunst om problemen niet weg te willen werken, ze niet te zien als een bedreiging, maar problemen als potentiële mogelijkheid tot groei en verandering te zien. Succesvolle bedrijven bewijzen dat ze dat kunnen. Zo is Nokia begonnen als papiermolen, Samsung als groenteboer en is Philips, van origine producent van gloeilampen, momenteel succesvol in de wereld van de medische apparatuur. En DSM, oorspronkelijk de Dutch State Mines, is op dit moment vooral actief op het gebied van fijnchemie en biotechnologie. Bedrijven die in staat zijn de tand des tijds te overleven houden niet hardnekkig vast aan hun missie, visie en strategie, maar zijn in staat om als de wereld verandert mee te veranderen. Als de wind verandert veranderen ze niet de stand van hun zeilen, maar hun bestemming. Ze transformeren niet ondanks, maar dankzij crisissen.

Wat kunnen we hiervan leren? Als je als organisatie zeer nauwkeurig je missie, visie en strategie vastlegt, dan lijkt dat te getuigen van verstandig beleid. Je hebt immers focus. Een plan. Een houvast. De vraag is of dat wel altijd zo verstandig is. Focus kan ook leiden tot een verkokerde blik. Zodra je als bedrijf vastlegt wat je zou moeten zijn, wat je zou moeten doen en op welke manier, ontneemt het je meteen het zicht op alles wat zich *buiten* je blikveld bevindt. Zou Nokia nog bestaan als ze hadden vastgehouden aan de missie succesvol te zijn als papiermolen?

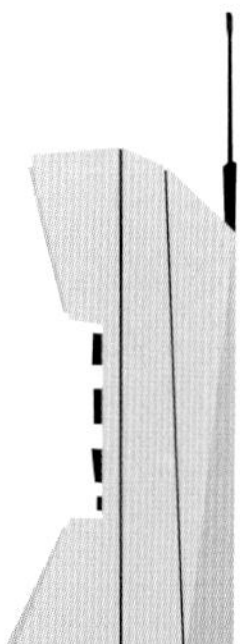

**1983**

# Oplossen

Als de wind
verandert,
verander dan
de stand
van je zeilen.

# Omdenken

Als de wind
verandert,
verander dan
je bestemming.

# Gestold wantrouwen

**Een aantal jaren geleden werkte mijn zus op een callcenter. Het was haar taak om zogenaamde koude acquisitie te plegen. Ze kreeg een lijst met telefoonnummers die ze moest bellen om mensen een ziektekostenverzekering te verkopen. Mijn zus was destijds bijna 60 jaar, had een hbo-diploma op zak en tientallen jaren werkervaring. Naar het toilet gaan mocht alleen één voor één. 'Het is niet de bedoeling dat het daar te gezellig wordt', vond haar werkgever. Hoe hij dat geregeld had? Net als op de kleuterschool. Met een plasketting.**

Voor we problemen gaan omdenken is het de kunst, zoals we hiervoor zagen, om eerst te definiëren óf er wel een probleem is en zo ja, of het wel een *relevant* probleem is. Als de verf van een kozijn afbladdert, heeft het weinig zin om de boel over te verven. Beter kun je dan het hele kozijn vervangen. Of, wie weet, is het zelfs verstandig om een heel nieuw huis te laten bouwen. Of, nog disruptiever, misschien heb je wel helemaal geen huis meer nodig. Wil je liever leven vanuit een camper. Kortom, ga eerst maar eens uitvinden wat het *werkelijke* probleem is.

Op het gebied van werk zijn ontelbaar veel problemen te benoemen die je kunt omdenken. Maar in het verlengde van de metafoor van de afbladderende verf: wat is op het gebied van werk het meest *fundamentele* probleem? Welk probleem zou je als 'moeder aller werkproblemen' kunnen definiëren? En hoe zou het zijn als we dat fundamentele probleem zouden kunnen omdenken? Laten we, om die vraag te beantwoorden, eens kijken naar de manier waarop in bedrijven besluiten worden genomen.

Er zijn grote verschillen tussen bedrijfsleven en overheid, maar er is één belangrijke overeenkomst: de macht is in handen van een selecte groep mensen. Of het nu gaat om de aandeelhouders, de directeur, de secretaris-generaal of de CEO, de besluitvorming is gecentraliseerd. Nuances en uitzonderingen daargelaten kun je zeggen dat het *denken* plaatsvindt in de top van de organisatie, terwijl de uitvoering, het *doen*, plaatsvindt op de werkvloer. Vandaar ook het harkjes-organogram bij de meeste organisaties. Hoe hoger in de piramide, des te belangrijker de besluiten die je mag nemen. Binnen die constructie heten werknemers veelal 'human resources'. Als je er over nadenkt is dat een tamelijk bizarre omschrijving. Letterlijk vertaald 'menselijke hulpbronnen'. Net als machines worden werknemers blijkbaar gezien als bronnen die zoveel mogelijk benut moeten worden of, als ze geen 'toegevoegde waarde' meer hebben, afgestoten moeten worden. In dat geval zien we ze als 'boventalligen' die moeten worden 'weggesneden'. Alsof je als een slager mensenvlees uit een organisatie weghakt. Kortom, de top denkt, de 'human resources' zorgen voor het doen. Ze worden ingezet als middel voor de uitvoering.

Natuurlijk hebben we allerlei wetten en regels, zoals de Wet op de ondernemingsraden, het recht om te staken en codes voor goed bestuur, om tegenwicht te bieden aan deze machtsconcentratie, maar in de kern komt het hierop neer: het beleid, de strategie en de koers van een organisatie worden van bovenaf bepaald.

Wat betekent het als iemand anders eenzijdig over zoiets fundamenteels als je inkomen, de aard van je werk, je vestigingsplaats en zelfs je baan kan besluiten? Het impliceert *afhankelijkheid*. Je loopt het risico gereduceerd te worden tot een pion in een schaakspel. En zoals dat ook het geval is bij kinderen die afhankelijk zijn van hun ouders: afhankelijkheid leidt al snel tot weerstand en frustratie. Zeker als een organisatie geen open, transparante cultuur heeft.

Weerstand aan de kant van werknemers kan vervolgens leiden tot irritatie aan de kant van bestuurders en managers. 'Waarom zetten onze mensen hun hakken in het zand?', 'ze vertonen weerstand' of 'onze mensen zeggen ja, maar doen nee.' En zo speelt ieder zijn rol. Rollen die elkaar *versterken*. Want wie zich als een kleuter behandeld voelt, zal zich op den duur als een kleuter gedragen. En wie het idee heeft dat er niet naar haar geluisterd wordt, zal steeds directiever worden. De oplossing van de één is het probleem van de ander. En vice versa. Een typisch voorbeeld van vastdenken.

Dit kleutergedrag kent vele vormen. Geen millimeter meer doen dan wat er van je verwacht wordt. Ook wel aangeduid als SNIMF: staat niet in mijn functieomschrijving. Je heimelijk ziekmelden omdat je met je kind naar de huisarts moet. Of wat postbodes deden: ze bezorgden regelmatig een postzending expres te laat, om er voor te zorgen dat de normen voor postbestelling niet te hoog werden. Medewerkers bij Philips die hun werkzaamheden in een computersysteem moesten bijhouden, saboteerden het systeem door software te bouwen die dat automatisch voor hen deed. En als een mannelijke postbode geen korte broek aan mag, dan doet hij, zodra het zomers heet is, een kort rokje aan. Want dat mag wél van de kledingvoorschriften. Het is misschien grappig, maar het is eigenlijk vooral treurig.

Leidinggevenden op hun beurt ontpoppen zich in deze dans van elkaar versterkende rollen soms tot ware potentaten. Een greep uit een discussie op de sociale media waar men over elkaar heen buitelde met verhalen.

# Bijzonder verlof

Op hoeveel vrije dagen heb je recht als er een dierbare overlijdt? Gelukkig is dat in de meeste cao's keurig geregeld! Kijk in de tabel naar de graad van verwantschap en je weet hoe het zit. Is je partner overleden, dan heb je recht op maximaal vier dagen. Gaat het om je zus, dan heb je er twee. Gaat het om je neef dan heb je er één. Gaat het om je hartsvriendin of lieve buurman, dan heb je pech.

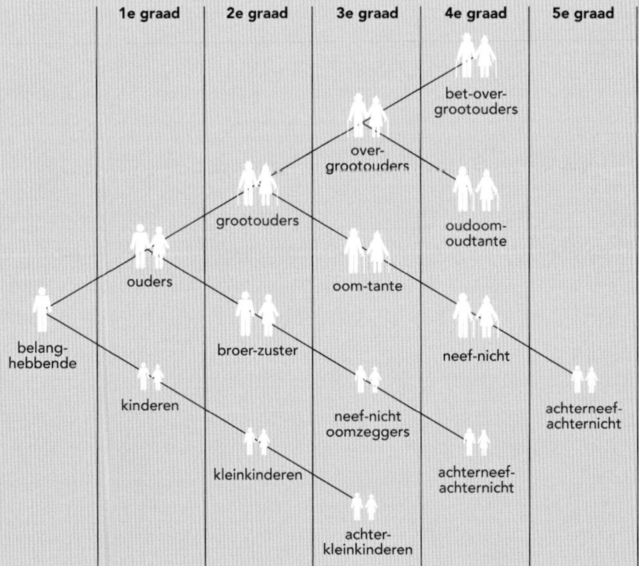


**GRADEN VAN BLOED- EN AANVERWANTSCHAP**

Bron: Gemeenteblad Alphen aan den Rijn, 2020

*'Mijn baas heeft spyware op mijn computer geïnstalleerd. Zo kan hij van een afstand zien wanneer ik aan het werk ben. Om die reden laat ik mijn huisgenoten af en toe op de spatiebalk drukken.'*

*'Ik meldde me ziek met buikgriep. De baas reageerde boos: 'We hebben op het werk toch ook een toilet?''*

*'Mijn vader moest plotseling geopereerd worden aan darmkanker. Mijn moeder belde in paniek of ik de volgende dag kon komen om hem naar het ziekenhuis brengen. Toen ik om die reden bijzonder verlof aanvroeg zei mijn baas: 'Kunnen ze geen taxi nemen? Je moet natuurlijk niet onnodig naar je ouders gaan.''*

*'Toen ik mijn collega die alles handmatig invoerde in Excel uitlegde '=A4*0,9' en dit doortrok naar beneden, ging die collega klagen en werd ik ontslagen omdat ik te slim was.'*

Beide spelers in dit drama, werknemers en leidinggevenden, beklagen zich over het gedrag van de ander. Beiden zijn er ook van overtuigd dat de ander het probleem is. Maar in de kern zijn het niet de mensen die het probleem vormen. Ze kunnen het probleem wel versterken, maar ze zijn er niet de oorzaak van. In de kern is de oorzaak van deze kleuter-versus-ouderdynamiek de ongelijke machtsverhouding.

Wat is de 'oplossing' van deze fundamentele machtsongelijkheid? Bureaucratie. Vuistdikke boekwerken met KPI's, SLA's, taak- en functieomschrijvingen, salarisgebouwen, vakantieregelingen, allemaal in een poging de zaak 'eerlijk' te organiseren. De intenties zijn goed. De tragiek is echter dat deze benadering bijna per definitie neigt tot vastdenken. Zolang wantrouwen aan de basis ligt van het maken van afspraken, zal elke regel namelijk nieuwe uitzonderingen creëren, die op hun beurt ook weer netjes 'geregeld' moeten worden. En zo ontstaan dikke cao's waarin bijvoorbeeld wordt vastgelegd dat buschauffeurs in 82,5 procent van de diensten die ze draaien om de 2,5 uur naar de wc mogen. In de overige 17,5 procent moeten ze een half uur langer hun plas ophouden. Hoera en hoezee. De rechten en plichten zijn in Nederland tot in de puntjes geregeld.

In feite zijn al deze afspraken, om een eerdere metafoor te gebruiken, niet meer dan een laklaag op een verrot kozijn. In de kern is het een uiting van een dieperliggend probleem: fundamentele machtsongelijkheid. Alle pogingen in regels vast te leggen hoe werk eerlijk georganiseerd kan worden zijn niets anders dan gestold wantrouwen.

**1997**

# Werk en privé

**Een bedrijf op het gebied van audiovisuele apparatuur is op zoek naar een nieuwe medewerker op de afdeling Verhuur. Het is een zeer gevoelige functie. In het verleden heeft deze afdeling regelmatig te maken gehad met personeel dat beamers, schermen of speakers liet 'verdwijnen'. Een frustrerende schadepost. Een van de uitgenodigde kandidaten maakt tijdens het sollicitatiegesprek een ongemotiveerde indruk: 'Jullie nemen me toch niet aan. Ik heb veel te weinig ervaring. Maar als ik dit gesprek niet voer, ben ik bang dat het UWV mijn uitkering intrekt.'**

Een van de gevolgen van 'gestold wantrouwen' is dat we op ons werk een rol spelen. Als je tijdens een sollicitatiegesprek ongegeneerd je privémotieven benoemt, wordt dat als klungelig ervaren. Amateuristisch. Zoiets zeg je niet. Op je werk hoor je je 'professioneel' te gedragen. We dragen grijze, donkerblauwe of zwarte pakken, bijpassende overhemden en dassen, keurige mantelpakjes, hoge hakken of door de baas voorgeschreven bedrijfskleding. We laten die kanten van onszelf zien waarvan we denken dat die gewenst zijn. We gedragen ons ambitieus, hardwerkend, betrouwbaar, verantwoordelijk, professioneel, loyaal en initiatiefrijk.

De ongewenste kanten houden we voor onszelf. Als je een huilbaby hebt die jou elke nacht wakker houdt, als je in een depressie dreigt te belanden omdat je partner aan borstkanker is overleden, als je al drie weken in een vakantiehuisje bivakkeert omdat je midden in een uitzichtloze relatiecrisis zit of als je een (licht) drankprobleem hebt; je gaat je collega's daar niet mee lastigvallen.

# Druk, druk, druk

## Hoe kun je doen alsof je het heel druk hebt *terwijl je eigenlijk geen moer te doen hebt*

**Zeg dat je niet meeluncht omdat je 'ergens een klap op moet geven'.**
*Maak ondertussen een Albelli fotoboek voor de bruiloft van je studievriendin.*

**Zet bij elke mail iedereen in cc en bcc.**
*Zo ziet iedereen bij hoeveel projecten je actief betrokken bent.*

**Zet een overvloed aan quasi-werkafspraken in de gedeelde agenda.**
*Kun jij op je gemakje langswippen bij de nagelstudio.*

**Verzet continu afspraken, omdat er iets 'urgents' is 'ingeschoten'.**
*Je moet wel heel belangrijk zijn om je agenda voortdurend overhoop te trekken.*

**Zet je noise cancelling koptelefoon op omdat je ergens nog even 'handen en voeten' aan moet geven.**
*Luister ondertussen naar je favoriete podcast over orchideeën kweken.*

**Loop 10x per dag bellend, zuchtend en mopperend naar de printer.**
*Zo kun je mooi je reisdocumenten printen voor je stedentrip naar Valencia.*

Op je werk heb je een taak en een functie te vervullen, je privésores zijn je eigen verantwoordelijkheid. Die laat je thuis. Op ons werk spelen we een beperkte, geamputeerde versie van onszelf. Onze persoonlijkheid hangen we als een jas aan de kapstok.

Deze strikte scheiding tussen werk en privé lijkt op het eerste gezicht veel voordelen te hebben. Op je werk word je niet onnodig lastiggevallen met het gedoe van anderen. Je kunt je concentreren op waar je voor betaald wordt. En als je de deur van je kantoor, fabriekshal of bestelbusje achter je dichtdoet kun je je ook weer voor de volle 100 procent op thuis concentreren. Werk is werk. Privé is privé. Mensen die zich graag op deze manier tot hun werk verhouden heten ook wel *segmenteerders*.

De vraag is of deze kunstmatige scheiding wel werkt. Wat doe je als je op je werk gebeld wordt door de mentor van de school van je dochter omdat ze een acute aanval van hyperventilatie heeft? Mag je zo'n telefoongesprek in de tijd van je baas beantwoorden? Mag je al je werk uit je handen laten vallen om zo snel mogelijk naar de school te gaan? Moet je een toekomstige werkgever wel of niet vertellen dat je zwanger bent? Lieg je als je dat 'verzwijgt'? Of is het juist professioneel om het daar niet over te hebben?

De dilemma's die voortvloeien uit de scheiding tussen werk en privé proberen we met allerlei heldere afspraken goed te regelen. Zo leggen we met elkaar vast op hoeveel vrije dagen je recht hebt bij een sterfgeval. En omdat we een sterfgeval van een kind erger vinden dan van een oom of neef, definiëren we nauwkeurig verschillende graden van verwantschap. Als je tante is overleden kun je dus de cao erbij pakken en precies aflezen op hoeveel vrije dagen je recht hebt. Goed geregeld, zou je zeggen.

Helaas werken dit soort algemene afspraken vaak niet. Simpelweg omdat de 'gemiddelde mens' niet bestaat. Terwijl de één bij het overlijden van een ouder het liefst een maand op zichzelf wil zijn, zal een ander in zo'n moeilijke fase juist in contact willen blijven met collega's. En hoe eerlijk zijn deze algemene regels? Waarom mag iemand een vrije dag opnemen voor de begrafenis van een oom met wie hij nauwelijks contact heeft, terwijl iemand anders, die maandenlang voor haar zieke buurvrouw heeft gezorgd, geen vrije dag mag opnemen als zij overlijdt, omdat de cao onbekend is met de categorie 'buurvrouwen'?

Gelukkig wordt in veel organisaties al de stap gemaakt om werk en privé te integreren; om medewerkers niet meer te zien als 'human resources' maar als 'human beings'. Mensen van vlees en bloed, dus. Met emoties, wensen, verlangens en privéomstandigheden. Met wie je dus per keer afspraken kunt maken. Medewerkers die zich op die manier tot hun werk willen verhouden heten *integreerders*.

Een paar voorbeelden.

Een autistische medewerker bij een softwarebedrijf heeft er moeite mee om op kantoor sociaal te moeten doen en kletspraatjes te houden bij de koffieautomaat. Het geeft hem stress en kost hem energie. Hij mag 90 procent van zijn tijd thuis werken. Zo kan hij zowel geconcentreerd als met plezier zijn werk doen. Zijn collega's en baas zijn blij met een betrouwbare collega op afstand.

Een jonge supermarktmedewerker komt consequent te laat op zijn werk. In plaats van om half negen komt hij vaak pas om tien uur gehaast en onuitgeslapen binnen. Dat leidt tot de nodige conflicten. Omdat hij een kundige medewerker is, wil de

JAN 50
Zo! Nog maar 912 vrijmibo's tot mijn pensioen

filiaalmanager hem niet ontslaan. In plaats daarvan stelt hij voor dat de jongen elke dag om half elf mag beginnen, en langer kan doorwerken.

Dit verhaal staat op onze website. Het is een eenvoudig, doeltreffend voorbeeld van privé en werk op elkaar afstemmen. Toch staan er enkele uiterst negatieve reacties bij dit verhaal. 'Leuk voorbeeld, maar hoe reageren zijn collega's die wel vroeg moeten beginnen?' 'Als er dan toch genoeg mensen zijn zodat het geen enkel probleem is om laat te komen, laat hem dan de hele week uitslapen en ontsla hem gewoon, mensen genoeg toch. Gewoon op tijd naar huis en als hij dan te laat komt salaris inhouden, dan houdt het vanzelf op.' 'Dus hij zet zijn wekker nu een uur later en slaapt er dan weer doorheen? Dit is niet omdenken, dit is een flutoplossing.'

Hoe beter werkgever en werknemer op de hoogte zijn van elkaars persoonlijke wensen en eigenaardigheden, des te makkelijker wordt het om win-winafspraken te maken, die anders nooit mogelijk zouden zijn. Maar blijkbaar hechten mensen aan regels. Ze worden boos als er 'voor anderen' een uitzondering wordt gemaakt. Maar het mooie is, die uitzondering kan ook andersom gemaakt worden. Voor mensen die juist vroeg willen beginnen.

Een commissaris van de Koning van de Provincie Utrecht hield ervan om 's morgens om zeven uur te beginnen. Een aantal ambtenaren zag daar ook wel wat in. Zo ontstond 'Team Early Birds', een hechte club collega's die voor iedereen uit werkte. Was dat vervelend voor de andere collega's? Nee, zij waren juist blij dat ieder zijn eigen ritme kon volgen.

Overigens. Ik denk dat het laatste voorbeeld bij de meeste mensen aanzienlijk minder weerstand oproept. Laat beginnen associëren we met mensen die lui zijn, vroeg beginnen met harde werkers. Bikkels. Bij nader inzien is dat een absurd onderscheid. Wat maakt het uit wanneer iemand werkt? Het gaat er toch om dat het werk gedaan wordt?

Als je hier verder over nadenkt, hoe onnatuurlijk is het dan dat we in de winter massaal om zeven uur 's morgens de file induiken, terwijl ons lichaam schreeuwt om rust en slaap? We zijn als westerse mens compleet losgezongen van de natuur, en daarmee van ons eigen bioritme. En dat bioritme verschilt ook nog eens per persoon en per levensfase. Een puber leeft in een constante staat van jetlag omdat de schooltijden totaal afwijken van waar het opgroeiende lichaam gemiddeld om vraagt: tien uur slaap per nacht, bij voorkeur ergens tussen 23:00 uur en 09:00 uur. Maar alles moet tegelijk; alles gebeurt tussen 8:00 uur en 17:30 uur. Waarom?

Nog even terug naar het AV-bedrijf. Het valt de commissie op dat de kandidaat goudeerlijk is. Welke sollicitant gaat nou zeggen dat hij door het UWV is gestuurd? En eerlijkheid is nou juist wat het bedrijf nodig heeft. De jongen wordt dus niet afgewezen, maar aangenomen. Niet ondanks, maar dankzij zijn 'onprofessionele' openheid over zijn motieven.

**Het lijkt alsof we op ons werk onze persoonlijkheid als een jas aan de kapstok hangen.**

# Vertrouwen

**Voor een onderzoek werd aan studenten gevraagd om te collecteren voor een goed doel. Er werden drie groepen op pad gestuurd. De eerste groep kreeg als beloning een percentage van de opbrengst. Dat werkte prima. Zij haalden aardig wat geld op. De tweede groep kreeg eveneens een beloning, maar een veel hogere: tien keer zoveel als de eerste groep. Werkte deze extra betaling? Zeker. Ze haalden meer op dan de eerste groep. Er was ook nog een derde groep. En die groep verraste de onderzoekers. Zij haalden het meeste geld op van alle drie de groepen. Terwijl ze niets betaald kregen.**

De centrale vraag van dit boekje is: hoe zou je het probleem van gestold wantrouwen kunnen omdenken? Het antwoord op die vraag is in ieder geval niet om meer van hetzelfde te doen: meer regels, meer bureaucratie. Maar wat dan wel? Hoe kun je ervoor zorgen dat je uit de negatieve spiraal van gestold wantrouwen komt en gaat samenwerken op basis van vertrouwen?

Hoe essentieel vertrouwen is, zowel voor werknemers als werkgevers, blijkt uit een onderzoek bij 88 filialen van een Canadese supermarkt. Aan medewerkers werd gevraagd: 'In hoeverre voel jij je vertrouwd door je filiaalmanager?' Wat bleek? Hoe meer mensen het gevoel hadden dat ze vertrouwd werden, hoe meer verantwoordelijkheid ze namen en des te hoger waren zowel de klanttevredenheid als de verkoopcijfers.

De sleutel waarmee je het hele bouwwerk kunt laten kantelen ligt, naar mijn overtuiging, in de durf om te *vertrouwen* op de interne sturing van mensen. Waar verlangen mensen naar? Wat drijft hen? Wat brengt hen in beweging? In de kern: wat willen mensen *uit zichzelf*? Ook en vooral als ze nergens toe gedwongen of voor beloond worden? Om die vraag te beantwoorden moet je niet kijken naar wat mensen níet willen en waar ze bang voor zijn, maar naar wat ze wél willen en waar ze van nature naar verlangen.

Wat zijn die verlangens? Allereerst zekerheid. Elk mens wil de meest fundamentele behoeften vervuld hebben: wonen, drinken, eten, kleding, schoeisel. Tragisch genoeg kan veel werk daar niet eens (meer) in voorzien. Meer en meer mensen moeten 'baanstapelen'. Noodgedwongen hebben zij meerdere baantjes om in hun onderhoud te kunnen voorzien. De belofte dat werk een onafhankelijk bestaan garandeert wordt bij velen niet waargemaakt. Op het verlangen naar zekerheid kom ik later, aan het slot van dit boekje, terug.

De volgende fundamentele verlangens zijn verbinding, autonomie, competentie en zingeving. Verbinding is de behoefte je geliefd en gezien te weten. Je veilig gehecht te voelen. Het besef deel uit te maken van een groter geheel; een relatie, gezin, familie, vereniging, onderneming of zelfs land. Autonomie verwijst naar het verlangen onafhankelijk te zijn. Zélf keuzes en beslissingen te kunnen maken. Competentie gaat over het verlangen dingen te kunnen, te presteren, over kwaliteiten te beschikken. Zingeving tenslotte heeft te maken met het verlangen dat wie je bent en wat je doet een bijdrage levert aan een groter geheel. Dat je ertoe doet. Iets betekent.

Als mensen deze verlangens op het werk kunnen vervullen, dan zijn dat krachtige hulpbronnen waarmee ze de wereld aankunnen. We kunnen daarom maar beter onze aandacht verleggen van steeds betere regels maken (externe sturing) naar deze hulpbronnen (interne sturing). Op die manier beschikken we over een hefboom om heel veel problemen op en rond werk om te denken. Anders gezegd: de essentie van dit boekje is de omslag van bureaucratie naar interne sturing; van gestold wantrouwen naar vloeibaar vertrouwen.

O ja. Die studenten die geld voor een goed doel moesten ophalen. Wat was het geheim waardoor de derde groep het meeste geld ophaalde; de groep die 'om niet' collecteerde? Het antwoord is verbluffend eenvoudig. Hen werd uitgelegd wat het precieze doel van de collecte was; een stichting die de laatste wens vervult van kinderen die terminaal zijn. Blijkbaar motiveerde een hogere 'why' hen meer dan geld.

# Do not remove from 4th floor

Foto's: Innocent Smoothies

# Autonomie

**Tijdens de coronapandemie is er in de zorgsector een grootschalig onderzoek[2] gedaan met een serie open vragen als: 'Wat zou je het kabinet willen meegeven om de bureaucratie tegen te gaan?' De belangrijkste uitkomst van het onderzoek? Mensen zouden meer *autonomie* moeten krijgen.**

In de begintijd van de coronapandemie moest verplegend personeel al improviserend, zonder vaste protocollen en richtlijnen, de eerste crisis het hoofd bieden. Deze chaotische periode verliep eigenlijk relatief wonderwel goed. Waarom? Omdat mensen prima in staat zijn om als zelfstandig, verantwoordelijk individu te handelen. Mensen kunnen het en ze *verlangen* er naar. Mensen willen autonomie. Zelf denken, besluiten én doen. Het is een van de meest fundamentele verlangens van de mens. Bij kleine kinderen zie je dat al. 'Zelf doen! Zelf doen! Zelf doen!' De tragiek is: hoe goedbedoeld regels en bureaucratie ook zijn, ze gaan altijd ten koste van autonomie.

Als het gaat om plezier en voldoening vinden stemt het tot nadenken in welke beroepen mensen het gelukkigst zijn. Dat zijn: bloemist, hovenier, kapper, schoonheidsspecialist en loodgieter. De belangrijkste verklaring die de onderzoekers geven is de behoefte aan autonomie. Hoe meer autonomie mensen ervaren, hoe gelukkiger ze zijn.[3]

Wij van Omdenken zijn zelf natuurlijk ook een bedrijf. En ook wij proberen als bedrijf de dingen zo goed mogelijk te regelen. Een van de dingen was het zorgvuldig bijhouden van gewerkte uren. Om dat mogelijk te maken huurden we een bedrijf in dat ons hielp met een urenregistratiesysteem. Het was een transparant, fair en open systeem, dat na een korte uitleg makkelijk te gebruiken was. In theorie. De praktijk was weerbarstiger. Het bleek omslachtig. Als de medewerker een verlofaanvraag invulde kreeg de leidinggevende een mail daarover. Die moest vervolgens in datzelfde systeem de aanvraag goedkeuren, en dan kon de medewerker zien 'of het mocht'. Het hele gebeuren voelde overbodig en kinderachtig.

Eén van de dingen die ik in de loop der jaren geleerd heb is dat als iets niet werkt, en bij herhaling niet werkt, het geen enkele zin heeft om steeds meer je best te gaan doen. Als iets niet gaat zoals je wil, houd halt, denk na, probeer te achterhalen wat er aan de hand is. Onderzoek vervolgens hoe je, dankzij het feit dat iets *niet* werkt en er dus een hardnekkig, onoplosbaar probleem is, een nieuwe mogelijkheid kunt creëren.

Nadat we constateerden dat het urenregistratiesysteem niet werkte gingen we op onderzoek uit. Wat is er aan de hand? Waarom werkt het niet? Hoe doen andere organisaties dit? Al vrij snel stuitten we op het concept 'onbeperkt verlof'. Wat is het idee? Supersimpel. Mensen nemen vrij, vakantie, verlof of zelfs een sabbatical wanneer en zo vaak als ze maar willen. Er hoeft niets bijgehouden of geregistreerd te worden. Er staat slechts één ding tegenover: dat ze in overleg met hun collega's hun werk goed doen.

Het mooie van onbeperkt verlof is dat je mensen *vertrouwen* geeft. En precies dat is, zoals we zagen, wat mensen vaak missen. Onbeperkt verlof geeft mensen eigenlijk een 100 procent carte blanche. Of je nou thuis werkt, op vakantie werkt, in het week-

ProRail
ProRail

# Groen licht

**Medewerkers zijn tot veel in staat. Als ze vertrouwen krijgen.**

De onderwijsvakbonden organiseren een landelijke staking. Voor ouders een probleem. Wat te doen met de kinderen? Een medewerker van Pro-Rail heeft een idee. Hoe zou het zijn als kinderen die dag het werk van pappa of mamma in de Inktpot in Utrecht kunnen bekijken? Ze vraagt de directeur of hij het oké vindt dat ze kriskras door de organisatie, buiten alle bestaande beslisstructuren om, mensen benadert om die dag te organiseren. De direc teur geeft meteen groen licht.

In een paar dagen timmer dit ad-hoc projectteam een spetterend programma in elkaar met rondleidingen, kleurplaten, vragen stellen aan de grote baas en 'op de foto met Incidentenbestrijding'.

Uiteindelijk bezoeken meer dan 200 kinderen de werkplek van hun ouders. Dit alles zonder managers, zonder formele structuren en zonder uurtjes tellen. Gewoon omdat het kan.

Met dank aan Marjol Markusse-Conradi

end of een tijdlang helemaal niet, we vertrouwen er op voorhand op dat je naar eer en geweten zult handelen. Het principe van onbeperkt verlof behandelt mensen niet als kleuters, maar als volwassenen.

Is onbeperkt verlof een hobby van een paar hippe startups? Integendeel. Grote bedrijven als Netflix en LinkedIn werken er langere tijd structureel mee. In Nederland doet ING onderzoek naar onbeperkt verlof. Een experimentele groep die onbeperkt verlof kreeg, werd vergeleken met een ongeveer even grote groep die dat niet kreeg. Wat bleek? Van hen die onbeperkt verlof mochten opnemen namen sommigen (iets) meer verlof op dan voorheen, anderen namen juist *minder* dagen op, soms zelfs minder dagen dan het wettelijk minimum. Wat vooral opviel was dat de deelnemers meer autonomie, meer energie en verhoogde werkprestaties rapporteerden.

Nogal wat mensen die ik vertel over het principe van onbeperkt verlof reageren met 'dat werkt natuurlijk alleen bij hoogopgeleide, zelfstandig werkende professionals.' Het onderzoek bij ING wijst eerder op het tegendeel. Bijzonder was wat er gebeurde op afdelingen als de balies en telefoonafdelingen, afdelingen die altijd bemenst moeten zijn. Je zou verwachten dat onbeperkt verlof hier tot meer geruzie zou leiden. Het tegendeel bleek het geval. Ze ruzieden er juist minder over. Waarschijnlijk omdat verlof nu geen recht meer was, maar iets wat je in goed onderling overleg regelt. Kortom: meer gedeelde verantwoordelijkheid, minder kleutergedrag.[4]

Voor veel bedrijven geldt dat corona natuurlijk een crisis is. Tegelijk is het een kans. Zoals ik al eerder schreef over de afdeling van een telecombedrijf, moesten mensen noodgedwongen thuis werken, konden managers hun mensen minder goed in de gaten houden, bepaalden mensen zelf wanneer ze werkten en ... liepen heel veel werkzaamheden eigenlijk vrij probleemloos door. Hoewel velen aangaven het contact met collega's te missen, bleef de productiviteit bij de meeste organisaties redelijk op peil. Over één ding zijn medewerkers duidelijk positief. De toegenomen autonomie.[5] Het risico bestaat dat als de coronapandemie achter ons ligt, organisaties terugvallen op de oude, hiërarchische manier van aansturen: verplicht op de zaak komen, werken op tijden die de baas bepaalt en continu op je nek gezeten worden door de leidinggevende. Hoe jammer zou dat zijn. En vooral een gemiste kans.

Hoe hebben wij bij Omdenken uiteindelijk, na het overboord gooien van ons verlofregistratiesysteem, de boel geregeld? Nou, gewoon niet. Nadat we op onderzoek waren uitgegaan bespraken we met z'n allen de mogelijkheid van onbeperkt verlof. Iedereen zag het zitten. Vanaf januari 2021 zijn we op deze manier gaan werken. De grap is dat de overgang nauwelijks merkbaar was. Vanwege corona werkte iedereen sowieso al vaak thuis en hielden ze hun uren toch al niet bij. Eigenlijk deden we dus al aan onbeperkt verlof. We hadden het alleen nog niet in de gaten.

We blijven net zo lang vergaderen totdat we hebben uitgevogeld waarom we geen werk gedaan krijgen.

# Wie is de baas

**Bij Keytoe in Maassluis bouwen zo'n 45 ICT'ers aan websites en webwinkels. Omdat het bedrijf floreert, neemt men een aantal nieuwe mensen aan. Helaas zijn ze nog maar net aangenomen of een aantal grote klanten besluit zijn diensten niet meer bij Keytoe af te nemen. Kasreserves zijn er nauwelijks. Er moet in de salariskosten gesneden worden. De vraag is alleen: wie moeten eruit? En vooral: wie bepaalt dat? Keytoe pretendeert namelijk een bedrijf te zijn waar iedereen meebeslist.**

Laten we het hebben over macht. We hadden het er eerder ook al over. Wie besluit wat? In een klassieke organisatie is dat duidelijk. De baas besluit. Weliswaar zijn er allemaal regelingen, wetten en afspraken over inspraak en medezeggenschap waardoor de macht van 'de baas' niet ongebreideld is, maar in de kern werkt het op deze manier: de baas is de baas.

De vraag is echter of het aloude machtsmodel heilig is. En of er geen modellen zijn die beter aansluiten bij de hulpbronnen van mensen. Wereldwijd wordt geëxperimenteerd met andere manieren van organiseren, waarbij het welzijn van de medewerkers centraal staat. Wat blijkt? Hoe meer mensen de ruimte krijgen om zelf mee te mogen beslissen over zowel hun directe werk als de strategie van de organisatie, des te hoger hun welbevinden. Wat alle organisaties die daar succesvol in zijn met elkaar gemeen hebben, is dat ze in de dagelijkse praktijk het denken en doen zo dicht mogelijk bij elkaar hebben gebracht. Ze zijn er in geslaagd daarmee de klassieke scheiding tussen de denkers in de top en de doeners op de vloer te doorbreken.

De besluitvormingsstructuur die daarbij het meest wordt aangetroffen is die van het 'netwerk van teams'; kleine autonome teams die tot op zeer grote hoogte zelf besluiten nemen. Voorbeelden van dergelijke organisaties vind je verspreid over de hele wereld en in alle sectoren van de samenleving: Buurtzorg in Nederland, het Zweedse consultancybedrijf Centigo, het Amerikaanse tomatenverwerkende bedrijf Morning Star, softwareontwikkelingsbedrijf Nearsoft in Mexico, de Franse auto-onderdelenleverancier Favi en het Chinese consumentenelektronicabedrijf Haier. Dit alles met een minimum aan overhead. Zo werken bij Buurtzorg meer dan duizend zelfstandige teams, terwijl op het hoofdkantoor slechts vijftig mensen werken. Schaalgrootte lijkt bij deze netwerkorganisaties geen probleem. Bij het Chinese Haier werken op die manier 70.000 medewerkers in 4000 kleinere ondernemingen. Blijkbaar kunnen teams het prima zonder hiërarchische structuur en dus ook zonder manager.

Sommige bedrijven in het onderzoek gaan heel ver in het geven van invloed. Zo besloot het Zwitserse IT-bedrijf Haufe-umantis dat alle leiderschapsposities democratisch gekozen moesten worden. Inclusief de positie van de CEO. Met als verrassende uitkomst dat een bestuurder die zichzelf wilde laten herkiezen, massaal werd weggestemd; 100 procent stemde tegen. Dat roept de vraag op hoeveel procent van de bestuurders in traditionele organisaties van hun medewerkers zouden mogen blijven.[6]

Mensen stemrecht, medezeggenschap of zelfs macht geven over hun organisatie wil niet zeggen dat mensen hun eigenbelang voorop zetten. Het tegendeel kan het geval zijn. Toen bij Keytoe duidelijk was dat er mensen uit moesten, kwamen alle medewerkers in een plenaire vergadering bijeen. De situatie was natuurlijk verschrikkelijk. De nieuwe medewerkers gingen ervan uit dat zij als eerste zouden moeten vertrekken. '*Last in, first out*'. Dat was niet wat er gebeurde. Men ging met elkaar diepgaand in gesprek. Alle belangen werden uitgesproken. Iedereen dacht mee over wat voor het hele bedrijf de beste oplossing zou zijn. Na twee emotionele ronden besloten drie vaste medewerkers die al langer aan Keytoe verbonden waren, om uit zichzelf op te stappen. Nog dezelfde dag. Zij realiseerden zich dat het bedrijf met de nieuwe mensen aan boord meer kans zou hebben te overleven.

**2019**

# Hoezo rommel? Ik heb gewoon een gedecentraliseerd organisatiesysteem.

# Zekerheid

**Meer zingeving in je werk willen brengen is leuk, maar is het geen hobby voor gefortuneerden en filantropen? Hoeveel ruimte heb je om na te denken over utopische bijdragen aan een mooiere wereld als je structureel één maandsalaris verwijderd bent van de armoede? 'Erst kommt das Fressen, dann kommt die Moral', schreef Bertolt Brecht al. Maar hoe zit het met dat 'Fressen'? Wat zouden we als overheid, bedrijf of mensen onderling kunnen doen om te voorzien in onze meest fundamentele behoefte, die van zekerheid?**

Waar we, los van onze omstandigheden, vandaag mee kunnen beginnen is krimp te omarmen als een bevrijdende strategie. Minder willen, minder hoeven, minder nodig hebben betekent dat we direct minder afhankelijk zijn van geld. De kachel kan lager, we kunnen fietsen in plaats van vliegen, minder sparen voor 'ooit', we kunnen kleiner gaan wonen. Het klinkt allemaal misschien suf, saai en geitenwollensok. We leven immers in een competitieve wereld van hoger, sneller, beter en meer. Maar waarom zou alles altijd moeten groeien? Mijn beste vriend kon als researcher een geweldige overstap maken van de VARA naar de VPRO. Inhoudelijk een enorme uitdaging. Leuke collega's. Een tof televisieprogramma. Maar iets weerhield hem ervan die stap te zetten. Hij begreep zelf eerst niet precies waarom. Tot hij zich realiseerde dat het de financiën waren. Bij de VPRO zou hij minder gaan verdienen. Deze 'achteruitgang' paste niet in zijn wereldbeeld van hoe carrières in elkaar zitten. Gelukkig maakte hij de overstap uiteindelijk wel. Meer werkplezier woog ruimschoots op tegen minder geld.

Naast individuele oplossingen zijn er ook meer en meer initiatieven van groepen mensen om elkaars behoefte aan zekerheid te vervullen. Zo richten zzp'ers zogenoemde 'broodfondsen' op om elkaar in tijden van ziekte financieel te steunen. Los van overheid of verzekeringsmaatschappijen ondersteunen op dit moment in Nederland 622 groepen in 195 plaatsen met 28.130 aangesloten zzp'ers elkaar in moeilijke tijden.[7]

Daarnaast zijn er ondernemers die hun werknemers niet zien als een kostenpost waar zoveel mogelijk op bezuinigd moet worden, maar als mensen die net als iedereen behoefte hebben aan financiële zekerheid. Zo hanteert de Amerikaanse Greyston Bakery de slogan *'We don't hire people to bake brownies, we bake brownies te hire people'*.

Als het gaat om het goed behandelen van werknemers kan schaamte een heilzame werking hebben, zo blijkt uit het verhaal van techmiljonair Dan Price[8], eigenaar van een creditcardbedrijf in Seattle. Price maakte met een ex-vriendin een wandeling door de bergen. Ze vertelde hem dat ze, ondanks het feit dat ze meer dan fulltime werkte in twee banen, zich zorgen maakte om een reparatie van haar auto. Dan schrok van haar verhaal. Hij had met haar te doen. En schaamde zich. Hoe kon het dat hij zo rijk was, terwijl zijn ex-vriendin met twee banen de eindjes nauwelijks aan elkaar kon knopen? Hij verdiepte zich in de vraag hoeveel geld mensen in Amerika moeten verdienen om zich niet continu zorgen te hoeven maken over de vraag of ze volgende maand de huur, de dokter of het schoolgeld van hun kinderen kunnen betalen. En zo besloot Dan Price om al zijn honderd medewerkers een jaarsalaris te geven van 70.000 dollar. In een emotionele vergadering maakte hij het nieuws bekend. Zijn werknemers waren stomverbaasd. Voor sommigen betekende

# Slaap

**Tegenwoordig slapen we zo'n zeven, acht uur per nacht. Maar is dat eigenlijk wel ons natuurlijke bioritme?**

Vroeger was het normaal dat mensen meerdere keren per nacht sliepen. Ze hadden wat ze noemden een 'eerste slaap' en 'tweede slaap'. Tussendoor deden ze huishoudelijke klusjes, gingen lezen of bidden. Dat veranderde tijdens de industriële revolutie in de negentiende eeuw.

Arbeiders moesten zich aanpassen aan het ritme van de fabriek. In een medisch journaal uit 1829 adviseerden dokters ouders dan ook om hun kinderen af te leren in meerdere sessies te slapen. 'Zolang ze niet ziek zijn, hoeven ze niet meer dan eenmaal op de dag te slapen. Draaien zij zich toch nog een keer om, dan dienen zij hierop terechtgewezen te worden.'

Schilderij Albert Anker

het een verdrievoudiging van hun bestaande inkomen. Dans besluit haalde wereldwijd het nieuws. Hij kreeg veel bijval maar ook veel kritiek. Een radiocommentator schold hem uit voor communist. Hij zou zijn mensen lui maken. Sommige van zijn oudere medewerkers namen ontslag, omdat ze het niet konden verkroppen dat jongere medewerkers opeens net zoveel verdienden als zij. Mensen een 'marktconform' salaris geven is voor velen blijkbaar logischer dan mensen financiële zekerheid bieden. Ook als dat 'marktconform' betekent dat een Poolse aspergeteler met vier collega's in een Landal GreenParks-huisje moet bivakkeren en de gemiddelde CEO in Nederland 83 keer meer verdient dan de gemiddelde werknemer. Om het wat beeldender te formuleren: de gemiddelde CEO moet drie dagen werken waar zijn werknemer een heel jaar voor moet werken. Het is keurig 'marktconform'. Volgens economische logica is er niets tegenin te brengen. Maar dat het economisch logisch is, wil nog niet zeggen dat het ook ethisch logisch is.

Naast de zorg die we als individu voor ons zelf, als groep zzp'ers voor elkaar of als onderneming voor onze werknemers kunnen hebben, is er ook een overheid. We pretenderen in Nederland een verzorgingsstaat te hebben, maar de vraag is hoe zeker onze vangnetten zijn. Ook al hebben we een gigantische bureaucratie opgetuigd – met goedbedoelde regelingen als bijstand, WW, WIA, WAO, ZW, Wajong, IOAW, IOW, IOAZ, TW, WlZ, AOW, Anw, AKW, en ondersteunende maatregelen als langdurigheidstoeslag, kortingspas, huurtoeslag, woonkostentoeslag, kinderbijslag, kindgebonden budget, kinderopvangtoeslag, TOG-regeling, PGB, schoolkostentoeslag, studiefinanciering, zorgtoeslag, bijzondere bijstand – dreigen voortdurend mensen buiten de boot te vallen. Al was het maar omdat regelingen (onnodig) ingewikkeld zijn of onbekend bij hen die er recht op hebben.

Dit alles roept de vraag op in hoeverre de overheid zich niet structureler verantwoordelijk zou kunnen maken voor een gevoel van bestaanszekerheid van haar burgers. Hoe zou het zijn als de overheid in plaats van al deze regelingen voor iedereen een basisinkomen zou garanderen? Geld hoeft het probleem niet te zijn. Nederland is het vierde rijkste land ter wereld.[9] Ik realiseer me dat aan dit al langer bestaande idee heel veel haken en ogen zitten en het voert in het kader van dit boekje te ver om daar uitputtend op in te gaan. Maar hoe geweldig zou het zijn als niemand in Nederland zich meer zorgen zou hoeven te maken om in de armoede te geraken en we onze keuzes rondom werk kunnen laten leiden door het verlangen naar verbinding, autonomie, competentie en zingeving?

Tot slot. Een laatste, disruptieve, vraag. Moeten we wel altijd willen groeien? Al onze economische modellen, maar ook onze persoonlijke doelstellingen, gaan uit van oneindige groei. Meer, beter, hoger. Maar is een oneindig principe niet strijdig met een eindige wereld?

Wat als we ons leven en werken zouden omdenken? Zouden we dan niet veel beter voor onze aarde zorgen en met z'n allen een stuk gelukkiger kunnen worden? Wat als we niet leven om te werken, maar werken om te leven?

Dankzij onbetaald verlof had Igor zeeën van tijd

# Zingeving

**In welke beroepen hebben mensen het gevoel dat ze 'nuttig werk' doen? Dat zijn: verpleegkundige, brandweermens, bijstandsambtenaar, bibliothecaris en docent. Welke verklaring geven de onderzoekers? Hoe duidelijker het is wat het werk van mensen bijdraagt aan het leven van anderen, des te nuttiger ze zich voelen.**[10]

Voor veel mensen is werk niet veel meer dan werk. Wereldwijd betwijfelen zeventien van de honderd mensen of hun werk ook maar enig nut heeft.[11] De Amerikaanse antropoloog David Graeber schat zelfs dat een op de vijf westerlingen zich compleet nutteloos voelt in wat hij omschrijft als 'bullshitbanen'.

Naast zinloos werk is er ook werk dat je als ronduit *onethisch* zou kunnen omschrijven. Het mag van de wet. Er is 'niks mis mee'. Het betaalt. Maar welk doel dien je met jouw arbeid? Zo werkt Mark, een vriend van mijn oudste zoon, voor een bedrijf in Amerika dat als primaire taak heeft constructies te bedenken voor grote bedrijven om zo min mogelijk belasting te betalen. Het bedrijf floreert. Ze 'verdienen' miljarden voor andere bedrijven. Mark heeft een prima salaris en uitstekende carrièremogelijkheden. Maar maakt zijn arbeid de wereld een beetje mooier?

Gelukkig zijn er ook heel veel voorbeelden van hoe het anders kan. Soms zijn mensen, zoals we eerder zagen bij Keytoe, zo betrokken bij het doel van hun organisatie, dat ze bereid zijn hun eigenbelang daar ondergeschikt aan te maken. In Canada hadden de vakbonden in 2018 voor artsen een salarisstijging bedongen. Goed gedaan, zou je zeggen. Maar de mensen waarvoor ze dachten te onderhandelen zaten daar helemaal niet op te wachten. Zo'n achthonderd artsen en medicijnenstudenten hielden in een openbare brief een pleidooi om het bedongen geld ten goede te laten komen aan de zorg. 'Verpleegkundig personeel en patiënten hebben het zwaar. Het enige dat immuun lijkt te zijn voor bezuinigingen, zijn onze salarissen.'

Om mensen te betrekken bij de 'why' van een organisatie en te zorgen dat ze zich met elkaar verbonden voelen, hoef je als organisatie naar mijn overtuiging niet zulke hele ingewikkelde dingen te doen. Informeer elkaar, bevraag elkaar, ga met elkaar in gesprek en neem zo veel mogelijk samen alle beslissingen. En dat op structurele basis. Hoe we dat bij Omdenken georganiseerd hebben is supersimpel. Elke maandag komen we als team bij elkaar en houden we een rondje. Dat is alles. Heb je iets te vertellen? Vertel het. Of het nou gaat over het Awakenings Festival, de relatie met je vriend of een project waar je mee bezig bent. Als je iets wil weten? Vraag het! Heb je niets te zeggen? Ook goed. Iedereen krijgt de ruimte. Iedereen is gelijkwaardig. De stagiaire heeft een even grote stem als de langstzittende medewerker. Soms duurt de vergadering twintig minuten, soms anderhalf uur. Soms gaat het over de hond van de verkoopmedewerker, soms over de strategie van het bedrijf. We zien per keer wel waar we het over moeten of willen hebben. We maken geen notulen. Als je wat moet opschrijven regel je dat zelf. Als een onderwerp betrekking heeft op twee of drie mensen, dan praten die na de vergadering nog even met elkaar verder. Het ziet er aan de buitenkant mogelijk wat chaotisch uit. Mensen vallen elkaar in de rede, buitelen over elkaar met ideeën of zijn soms gewoon wat moe of stil. Het gaat zoals het gaat.

Op een gegeven moment kwam er iemand bij ons werken die het graag wat 'professioneler' wilde aanpakken. We dachten, ach, waarom niet. Op haar initiatief hebben we een tijdje gewerkt met een agenda, notulen en actielijstjes. Na een paar weken zijn we ermee gestopt. De bijeenkomsten voelden als doodgeslagen bier. Maar belangrijker, ze duurden langer en leverden minder op. Zodra mensen hun verantwoordelijkheid nemen is ogenschijnlijke chaos niet alleen leuker, maar vooral veel effectiever en dus professioneler.

Als je dit leest denk je misschien: allemaal leuk en aardig, maar wat kan ik doen als ik werk bij een organisatie waar ik me niet verbonden voel en het gevoel heb zinloos werk te doen? Het antwoord is in principe simpel. Zorg dat je je werk zinvol maakt. Met elkaar. Zoals de artsen in Canada dat deden.

Of, als dat niet lukt, neem ontslag. Begin voor jezelf. Start een maatschap. Of leef een tijdje van je spaargeld of desnoods op de zak van iemand anders. Waarom niet? Of verander van beroep. Werk een tijdje in een kroeg. Doe iets waar je energie van krijgt, zonder dat het meteen goed betaalt. Niet de minsten gingen je voor. Fred Teeven, ooit officier van justitie en staatssecretaris van Veiligheid en Justitie, ging werken als buschauffeur. Merel van Vroonhoven, bestuursvoorzitter van de Autoriteit Financiële Markten, nam ontslag en besloot voor de klas te gaan staan. Mijn schoonzus neemt vervroegd pensioen om, met inlevering van geld, als vrijwilligster in de zorg te werken.

Eigenlijk is het merkwaardig dat we in ons leven allerlei werkzaamheden doen: voor ons huis en gezin zorgen, mantelzorgen, vrijwilligerswerk, maar dat alleen een heuse baan voor ons inkomen zorgt. Een deel van ons leven dat we vaak als het minst zinvol ervaren van alles wat we doen. Zouden we onze samenleving niet zo kunnen inrichten dat alles gelijkwaardig is aan elkaar?

Laten we onszelf dan ook de vraag stellen: waar werken we voor? Voor het vergroten van het vermogen van de aandeelhouders? Voor onze status, volgende nieuwe auto en verre vliegvakantie? Geven we de beste jaren van ons leven aan een organisatie waar we niet echt in geloven of werken we voor iets dat groter is dan wijzelf?

**Relax.**
**We doen allemaal maar wat, joh.**

**Noten**


[1] Deloitte, 'Global Human Capital Trends 2016', Deloitte UniversityPress, 2016.

[2] Onderzoek Wilmar Schaufeli en Elco Schaufeli,Triple I Human Capital, in opdracht van de VvAA, 2021.

[3] Dolan, Paul; Happiness by Design, Penguin Books, 2015.

[4] De Bloom, J., Syrek, C., Pothof, S., Kühnel, J., Vahle-Hinz, T., & Titlestad, K.N. (2021). Onbeperkt verlof: pilot bij ING. Presentatie voor vakbonden (intern rapport).

[5] Nauta, Aukje & Van de Ven, Christel (2021). Slepende coronapandemie heeft negatieve invloed op vitaliteit, samenwerking en innovatie. PW., juni, 16-21.

[6] Minnaar, Joost en Pim de Morree, Corporate Rebels, Business Contact, 2020.

[7] Bron: www.broodfonds.nl.

[8] Nauta, Aukje. Nooit meer doen alsof. Denk je schaamte om en maak het je kracht. Maven Publishing, 2021.

[9] Bron: Allianz, Global Wealth Report over 2020.

[10] Socially Useless Jobs, Tinbergen Institute Discussion Paper 18-034/VII, Robert Dur (Erasmus Universiteit), Max van Lent (Universiteit Leiden), 2 mei 2018.

[11] Socially Useless Jobs, Tinbergen Institute Discussion Paper 18-034/VII, Robert Dur (Erasmus Universiteit), Max van Lent (Universiteit Leiden), 2 mei 2018.


**Meedenkers**


Aukje Nauta
Wilmar Schaufeli
Elco Schaufeli